¡ADVERTENCIA!

"Este libro solo se puede entregar una vez en la vida"

FATY SALINAS
JAIRO GUERRERO

ESTE LIBRO PERTENECE A:

_____

Aquí inicia una aventura:

Nuestra Aventura.

¿Quieres saber por qué eres mi Xodó?

Entonces continúa...

¿POR QUÉ XODÓ?

ES UNA FORMA DE DECIR
"MI AMOR"
SOLO A LA PERSONA
QUE MÁS SE QUIERE EN LA VIDA.

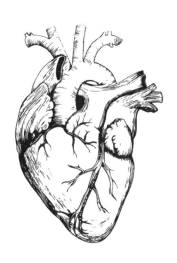

Alguna vez te has preguntado...

¿Por qué te quiero?

Te quiero por lo que eres,
por lo que ya viviste y sufriste.
Te quiero para tenerte cerca,
pero también para que seamos libres.

Te quiero como se quiere
una sola vez en la vida...

Con el alma
y sin ninguna duda.

ESCANEA ESTE CÓDIGO DE SPOTIFY PARA UNA MEJOR EXPERIENCIA EN TU LECTURA...

(Cada canción es para ti)

XODÓ

Tengo mil maneras para decirte
cuánto te quiero,
pero te lo resumo en estas páginas:

Te quiero en estas líneas
y en cada verso.

Así como también te quiero
en primavera, verano, otoño
y en invierno.

Te quiero cuando te miro
y cuando estás lejos.

Te quiero en mis horas libres
y cuando te tengo a mi lado.

Te quiero en cada aventura,
en cada sueño, en cada paseo,
en cada ciudad
y en cada rincón del mundo.

Te quiero hoy, mañana y siempre.
Te quiero a cada minuto
y en cada latido por segundo.

Y te quiero para que seas mi Xodó:

Porque solo voy a querer
una vez en la vida, así como te quiero a ti.

AQUEL DÍA CUANDO TE CONOCÍ

Ese instante donde te descubrí
entre la multitud del mundo,
donde coincidió nuestra brújula
apuntando al norte.

Aquel segundo que no fue perfecto,
pero me bastó escuchar tus latidos
para descubrir
lo que en mis sueños solo veía.

Te reconocí como mi canción favorita.
Y fue desde entonces cuando por fin
logré tocar con mis dedos
lo que llaman felicidad…

Aquel día cuando te conocí.

LO QUE NO TE DIGO CUANDO TE MIRO

Bien sabes que no soy
de muchas palabras,
pero…

Me basta con ver tus ojitos
para saber que estoy
donde *siempre* quise estar.

ERES PRIMAVERA

Eres una persona increíble...

Algo así como cuando el sol llega
después de un frío invierno
y hace brotar los campos de girasoles.

Como esa esperanza que la vida esperaba,
los viajes a pueblitos con paisajes bonitos
y las rosas que se asoman por la ventana
después de una tormenta.

Eres luz,
eres calma,
eres esa energía que hace
florecer todo lo que toca.

Eres primavera.

Eres como el café por las mañanas,
la lluvia que me arrulla
para poder dormir.

Eres todo lo que me hace sentir
en completa tranquilidad.

Tú...

Eres mi paz.

IMAGINA...

Tú y yo,
caminando por la orilla de la playa.

Tú, jugando con las olas del mar
y no dejando que el agua te moje.

Yo, solo observando tus locuras,
riendo como un completo estúpido
y admirando tu figura frente al océano.

(No hace falta voltear hacia las olas
para darme cuenta que tú eres mi mar)

TU PASADO

No voy a preguntar lo que guardas en tu pasado, porque también entiendo que hay fracturas que no quieres recordar. Solo voy a recostarme en tu pecho y acariciaré con mis manos cada cicatriz hasta que olvides que ahí están.

Quizá hay miedos que todavía llevas contigo, pero te aseguro que conmigo no volverás a temblar. Estaré aquí, sin importar que algún día te puedas marchar.

Y es que nadie escoge su destino, todos tenemos sucesos que nos dejaron marcados. No me interesa tu pasado, me importa quien eres ahora y en lo que te has convertido.

Y me importas así, con lo que jamás le contaste a nadie y lo que yo no voy a cuestionar.

Me importas tú.

TUS MANOS, MI POESÍA

Cómo explicarte esa sensación
al tomar de tu mano...

Si desde el primer instante
en que rocé tus dedos
me moría de nervios.

Si cuando nuestras manos se entrelazaron
ya no quería soltarte.

Y sudaba tan solo de pensar
que ahí estabas,
sosteniéndome,
llevándome de un lado a otro.

Me sentía recorrer el mundo,
ser ave,
ser fuego,
ser vida.

Tus manos, mi poesía.

ACTIVIDAD 1. SOPA DE LETRAS.
DESCUBRE EL MENSAJE SECRETO.

O	D	A	C	I	F	I	N	G	I	S
B	P	B	B	E	J	G	Q	T	F	Q
J	P	D	X	N	G	D	W	F	T	S
E	Q	E	R	T	C	T	T	S	E	T
T	U	L	O	E	E	Ú	E	R	E	G
X	R	H	Q	N	E	Q	E	W	F	G
O	V	E	R	D	P	A	M	O	R	F
D	I	L	T	í	R	Q	G	U	W	Y
Ó	W	A	Z	D	P	F	W	T	M	I
Q	C	O	N	T	I	G	O	U	F	T
R	Q	V	E	R	D	A	D	E	R	O

C _ _ t _ _ o   e _ _ e _ _ í   e _   v _ _ _ a _ _ _ o

s _ _ _ _ f _ _ _ _ o   d _ l   a _ _ r...

T _   e _ _ s   m _   X _ _ ó

21 DE ENERO

No te sorprendas si de la nada te abrazo
con una intensidad
más allá de la que conoces...

Hoy quiero tener el pretexto perfecto
para que sientas lo que mi alma grita
al estar entre tus brazos.

Hoy quiero abrazarte
y que ese abrazo no lo olvides,
que no se borre tan fácilmente.

Hoy quiero abrazarte
como nunca antes
y esperar a que no quieras soltarme.

(Día internacional del abrazo)

Contigo quiero un amor bonito:

De esos que ya no se ven,
pero que el corazón
siempre espera por encontrar.

DESDE QUE LLEGASTE...

Curaste una parte de mi corazón,
esa abertura que aún me costaba suturar.

Desde que llegaste todo ha sido más sencillo,
porque me basta tenerte cerca
para que lo inalcanzable se vuelva posible.

No te miento,
desde que estás aquí
mis días son menos cansados,
la rutina ya no pesa como solía suceder
y la emoción aumenta
cuando sé que te volveré a ver.

Porque desde que llegaste
también lograste **cambiarme la vida.**

XODÓ

Me gustas para salir un sábado de fiesta...

pero también para amanecer
un domingo en pijama
y llevarte el desayuno hasta la cama.

QUE LA VIDA DECIDA

Solo quiero vivir el momento,
gozar por lo que estamos pasando
y sin pensar en lo que vendrá después...

Ir despacio,
admirando lo que compartimos,
disfrutando una copa de vino
durante el camino.

Y que la vida decida

si es contigo.

Sin importar lo que pase con nosotros:

Siempre le daré gracias a la vida
por haberme cruzado en tu camino.

Por estar a tu lado
y no en otros sitios
donde estaría en soledad
y soñando con conocer
a alguien como tú.

ATARDECERES

Hay muchas cosas que no te digo,
lugares que no sabes que te dedico.

El sol,
los cielos despejados,
las nubes y sus figuras,
cuando la luna se asoma,
los campos de girasoles,
en fin...

A veces te dedico *(todos)* los atardeceres.

ACTIVIDAD 2. ESCRIBE 5 COSAS O EMOCIONES QUE SENTISTE AL ESCUCHAR ESTA CANCIÓN:

1.

2.

3.

4.

5.

CUANDO ESTÁS CONMIGO

No hay palabras para explicar
lo que causas en mí.

No hay sentimientos que describen
el tenerte cerca.

Porque cuando te acercas
me haces estremecer
y no recuerdo ni mi nombre.

Me basta con oler tu perfume
para saber que existe la perfección...

Y es cuando estás conmigo.

Eres todo lo que siempre voy a elegir,
aun sin necesitarte.

TE SEGUIRÍA QUERIENDO

El destino es incierto,
no sé qué pasará con nosotros en el futuro,
pero quiero estar contigo.

Y, si algún día lo que tenemos
se convierte en un recuerdo más
y cada quien toma caminos distintos,
yo te seguiré guardando un cariño.

Porque sin importar dónde estemos
o con quién estemos...

Si alguna vez vuelvo a cruzarme contigo,
muy en el fondo,
tendré un sentimiento
de lo que alguna vez fuimos.

No te miento,
te seguiría queriendo.

PROMESAS

Irnos de viaje,
visitar París,
cenar en tu restaurante favorito,
lanzarnos en paracaídas,
escribir(te) un libro
y si la vida nos regala más tiempo…

Llevar nuestra casita a las cataratas
y convertir nuestra historia
en una película de Disney.

Promesas que quiero cumplir(te).

14 DE FEBRERO

Hagamos que este 14 de febrero
sea infinito,
que las flores y chocolates
sean parte de nuestras horas,
que la serenata te despierte cada mañana.

Que las cartas nunca terminen
y que al final se guarden
en un baúl de recuerdos
o en nuestra libreta de aventuras.

Que los besos no se acaben
y que las risas sean nuestra compañía.

Hagamos que esta fecha sea un:

"Para siempre"

Así como nuestra historia.

XODÓ

Y por qué no imaginarnos...

Tú y yo,
una vida,
esa casita que siempre soñaste y
ese carrito que veo por internet todas las noches.

Siendo felices
y sin ningún inconveniente.

QUE CADA LOCURA SEA CONTIGO

No me importa bailar contigo en medio de la calle como dos completos locos o ir cantando en cada rincón de la ciudad esa canción que no paras de escuchar.

No me molesta tener una cita contigo en el puesto de la esquina cenando diez taquitos, acabando con los limones y dejando sin servilletas la mesa.

Disfrutaría tanto sentarme en la banqueta afuera de tu casa para comer unos chetos y tomar una caguama mientras pasamos el rato.

Porque te juro que quiero gritarle al mundo lo mucho que te quiero, lo que en ti encontré y que ya no quiero perder...

Porque deseo que cada locura sea contigo

y solo contigo.

ACTIVIDAD 3. ESCRIBE CUÁL SERÍA LA CITA IDEAL CON TU XODÓ:

FOTOS JUNTOS

Perdón si a veces soy insoportable
con tantas fotos que suelo tomarte...

Quiero guardar cada pequeño instante
para recordar quien fue el motivo
de esta sonrisa,
de estas ganas,
de esta loca manera
de encontrarle sentido a lo más mínimo.

Esas fotos que juntos tenemos
son el recuerdo más bonito
de saber que *la vida me premió*
al cruzarme en tu camino.

Te propongo un trato:

Vamos a ser felices
y olvidemos el resto.

ASÍ ES TU MIRADA

Pupilas dilatadas revelando
dos galaxias en espiral.

Un gol en el último minuto
del tiempo extra.

James Webb mirando
más allá de la creación.

La felicidad y un futuro donde nuestra foto
está en la mesa izquierda de nuestro sofá.

Así es tu mirada,
un reflejo de lo que jamás pensé,
de lo que parece inimaginable...

Y me demostró que todo es posible.

*Ahora entiendo porqué nunca
me atreví a nada más,
con nadie más...*

Siempre te estuve esperando.

Quizá no tenemos las mismas metas
o los mismos sueños.

No escucho la música que a ti te gusta
ni veo las series
que te pegan por horas en Netflix.

Pero al mirar las estrellas
sé que tú y yo estamos destinados.

Y quizá no compartimos
los mismos gustos,
pero contigo quiero coincidir
en lo más importante...

En esta vida a tu lado.

MI PARTE FAVORITA DEL DÍA

Cada mañana es tuya,
cuando abren mis ojos
y puedo ver tus mensajes de buenos días.

No puedo explicar esa sensación,
porque con tan solo ver tu nombre
en el chat, se acelera el corazón.

Eres mi café de cada amanecer,
mi desayuno favorito,
mi tranquilidad para iniciar bien la rutina.

Eres mi motivo,
eres mi razón para que las mañanas:

Sean mi parte favorita del día.

HASTA EL FIN DEL MUNDO

No solo es pasar los días contigo,
también quiero
que cada minuto sea especial
y conocer los lugares más recónditos.

Ver el amanecer en Tulum,
las estrellas en Nueva Zelanda,
el brillo de las auroras en Islandia
y admirar tu carita entre los cerezos de Japón.

Quiero recorrer
cada centímetro del planeta de tu mano
y si es posible...

Hasta el fin del mundo.

Y si me dices que sí...

*Te juro que no dudaré en entregarte
todo lo que soy.*

VERANO

Tú y yo,
una tarde soleada,
en la plaza o en la playa,
pero disfrutando de un verano
como ningún otro...

El cielo combina con tu piel canela,
dos cervezas
y tu mano son la dosis perfecta.

Un verano lejos de todos,
sin mucha ropa
y pocas palabras.

Un verano donde:

Solo seamos nosotros.

ACTIVIDAD 4. ¿QUÉ CANCIÓN TE GUSTARÍA QUE TOCARAN EN UNA SERENATA ESPECIAL PARA TI?

_____

ESCRÍBELA AQUÍ

Y cuando tengas la oportunidad...

Dímelo, despacito y en el oído
para que no vaya a olvidarlo.

(Y será la canción con la que algún día voy a llevarte serenata)

TUS DEFECTOS

Lunares,
cicatrices,
raspones,
estrías,
kilitos de más o de menos...

Te quiero así,
sin quitarte o colocarte.

Tus defectos

también son parte

de este sentimiento.

Que dure lo que tenga que durar:

Si es eterno,
te juro que no te soltaría.

Y si solo es breve,
te prometo que en otra vida
también te buscaría.

EL CIELO, TÚ.

Eres ese cielo de mil colores,
las nubes en forma de algodón,
la neblina que tanto te gusta sentir.

Eres esas fotos que no paro de tomar
cuando el atardecer es asombroso,
cuando las aves se cruzan en medio
y hacen de la toma más perfecta.

Eres ese cielo...

que siempre te dedico.

¿Me permites cantar debajo de tu ventana
y tú desde el balcón sonriendo
como si mi voz fuera la del mejor cantante?

¿Me permites bailar en la calle
al ritmo de los mariachis
como si no existiera la pena?

¿Me permites llevarte flores cada noche
acompañadas de tu canción favorita
sonando de fondo?

¿Me permites llevarte serenata bajo la luz de la luna?

13 DE ABRIL

El día perfecto para que estas ganas
de besarte encuentren un alivio.

Y que no sea solamente uno,
que de la nada se conviertan en dos,
tras una mirada llegar a los tres...

Y si la suerte está a mi favor,
que cada segundo sea para nosotros
y nos comemos a besos.

(Día internacional del beso)

Por si todavía te quedan dudas:

Eres y seguirás siendo
lo que en mis sueños le pedía a la vida.

VIVIENDO DE AVENTURAS

Un diario de aventuras,
dos mochilas y una dosis de locura.

Tú y yo,
recorriendo desde pueblitos
hasta las ciudades más importantes.

Comiendo en restaurantes
o en los puestos de la esquina.

Visitando museos
o corriendo por los parques.
Escalando montañas
o caminando en las orillas de un camellón.

Viviendo de aventuras,
disfrutando cada segundo,
tomando de tu mano,
siguiendo tus pasos
y dejando a un lado los miedos.

ACTIVIDAD 5. DIBUJA EL MAPA IDEAL PARA EMPRENDER UN VIAJE CON ESA PERSONA ESPECIAL.

¿A dónde iremos ahora?

*Espero ser parte de este viaje
y de más días a tu lado.*

*Espero ser parte de este viaje
llamado "vida",
donde tú seas mi única compañía.*

VACACIONES

Es suficiente con tenerte en casa
comiendo pizza,
viendo tus películas favoritas
y estar gritando
hasta quedarnos sin energía.

Es suficiente dormirme en tu pecho
y despertar entre tus brazos.

Me es suficiente quedarme en la sala
contando historias,
riendo a carcajadas
mientras tus ojitos se llenan de lágrimas.

Me basta con tenerte a mi lado
para tener **las mejores vacaciones.**

Eres esa persona con la que quiero pasar
días felices y también tenerte
cuando ya no pueda continuar.

Eres esa persona que quiero tener en mi vida.
Así, sin dudas, sin preguntas.

Quiero que seas tú,
en las buenas,
malas
y cuando todo parezca derrumbarse:

Voltear a verte
y saber que, a tu lado...

Todo estará bien.

TUS LABIOS

Curvas de infarto,
montañas en perfecta sintonía,
la luna en su cuarta fase,
el reflejo de la felicidad,
la pasión en su figura.

No, no estoy hablando de tu cuerpo perfecto...

Son esos labios tan ardientes

    los que quiero mirar

      (y besar)

        eternamente.

UN ABRAZO CÁLIDO

Dicen que un abrazo te reconstruye,
pero contigo va más allá:

Porque cuando lo haces no solo sanas,
también me llevas
a un universo en completa calma.

Me llevas a un sitio donde me siento en paz,
haces que de a poco mi corazón
vaya recobrando la fuerza.

Porque un solo abrazo cálido es suficiente
para lograr que quiera quedarme...

Hoy,

mañana

y siempre.

TE QUIERO

Te quiero para que seas
la persona de mi vida.
Pero también te quiero
para que seas la vida
en forma de persona.

¿Cómo sé que te quiero?

Simplemente recuerdo
la emoción que siento cuando te veo
y la sensación de calma
cuando estás conmigo.

PELÍCULAS

Una tarde de películas,
almohadas y palomitas,
un refresco de tres litros
y tus cheetos favoritos.

Viendo cómo te cubres con las sábanas
en las escenas de terror
y preguntando después:
¿Qué fue lo que sucedió?

Abrazados entre cobijas
hasta que los créditos acaben con la rutina
y de la nada estemos dormidos
o envueltos entre caricias.

ACTIVIDAD 6. ESCANEA EL SIGUIENTE CÓDIGO. ¿RECUERDAS EL DÍA EN QUE NOS CONOCIMOS?

Coloca la fecha y...

Observa, esta luna fue testigo
de nuestro primer encuentro,
de la primera vez en que descubrí
la emoción en tus ojitos
y todo comenzó a tener sentido.

LA LUNA Y TÚ

Llegué a pensar
que lo más bonito de una velada
era ver a la luna brillar...

Hasta que te conocí
y me di cuenta
que **tú brillabas más**
sin importar que la noche
estuviera nublada.

*Es por ti que no tengo miedo
de pensar en el futuro...*

*Si decides quedarte o marcharte,
no cambiaré mi postura
de darle gracias al destino
por permitirme conocerte.*

1 DE MAYO

Hoy no existen los muros,
no existen los malos ratos,
no hay excusas que me impidan
llenarte de abrazos.

Hoy solo somos tú y yo,
en el lugar que más quieras,
a la hora que sea y con la ropa
que más cómoda se nos vea.

Hoy es un día donde celebramos
el amor que llevamos dentro,
que sentimos el uno hacia el otro.

Y le agradecemos al cielo,
a la vida,
al destino
o a quien haya tenido
la brillante idea de que tú y yo
debíamos coincidir,
en el momento preciso y
con el sentimiento dispuesto a todo.

(Día internacional del amor)

LAS GANAS QUE TE TENGO

Tengo ganas de ti,
ganas de cuidarte el alma,
llenarte de caricias
y cubrirte de los miedos
que no te dejan dormir.

Tengo ganas de escalar
a la cima del monte más alto
para gritarle al mundo
lo mucho que te quiero.

Tengo ganas de llevarte de la mano
por las calles del barrio,
curarte lo que aún duele
y pasar cada fin de semana
en el cine o en los tacos.

Tengo ganas de cada día hacerte sonreír,
de quererte como nadie lo hizo antes,
de demostrarte porqué nada
funcionó en tu pasado.

No tienes idea de las ganas que te tengo...

De hacerte feliz.

VIVIR(NOS) EL MOMENTO

Prefiero pensar en lo que nos hace felices
y no en lo que viene.

Prefiero estar recostados
una tarde cualquiera
observando figuras en las nubes
mientras saboreas tu helado favorito.

Solo quiero eso,
vivir el momento,
sentir cómo vamos llegando a la meta
y sin temor al tiempo.

Ojalá seamos nosotros
y no solo hoy,
no solo mañana,
no solo en unos años...

Ojalá seamos nosotros
hasta el último suspiro
y encontrarte en el camino
de lo que hay más allá de esta vida.

LUGARES ESPECIALES Y TÚ

Hay sitios donde las historias
se quedan escritas.

Hay momentos
que no quieres que terminen.

Hay paseos tan sencillos
que te curan
cuando el día estuvo mal.

Hay lugares que son especiales
porque *tú eres mi compañía.*

ACTIVIDAD 7. TE DEDICO EL FRAGMENTO DE UNA CANCIÓN:

Quiero estar cuando la vida se complique
cuando todo salga mal.

Quiero estar cuando los sueños que persigues
se te quieran escapar.
Quiero ser, el que en las noches te consuele
Verte amanecer, acariciándote la frente
y poderte convencer
Que todo va a estar bien
Y ser tu paz tu calma, ser tu alivio
El fuego que te falta si esta triste el corazón
La voz que te consuela, que te canta esta canción
Ser el aire de tus alas si no hay viento a tu favor...

¿Te gusta?

Ahora puedes escucharla. Es para ti:

CUMPLEAÑOS A TU LADO

Te quiero confesar
que me asusta esa fecha,
porque no han sido días buenos,
en mi memoria habitan
grandes recuerdos
donde el dolor era mi obsequio.

Pero desde que llegaste:

Te convertiste en el mejor regalo

que la vida me pudo dar.

Pase lo que pase...

Te quedarás en mi corazón.
Ya tatuaste tu nombre en mi pecho.

OTOÑO

Y aunque las hojas caigan
y la vida pase,
el otoño también trae algo de especial:

Lo puedo ver en tus cachetes rojitos
y el reflejo del rojizo cielo en tus ojitos.

TE PROPONGO ALGO:

Todas las noches antes de dormir
te invito a jugar
nuestro videojuego favorito.

Y también hablar
de cómo estuvo nuestro día,
de anécdotas
que con risas se asoman
y entre lágrimas terminan.

Te invito a una cita diferente,
a una cita sin importar
que estemos lejos
o los muros que nos separen.

Te propongo a sentirnos cerca,

incluso en la distancia.

LO QUE ESCONDES

Sé que detrás de tu mirada
se esconden secretos,
momentos que alguna vez dolieron...

Y descuida,
no volveré a abrir la herida.

Sabré cuidar
lo que antes desgarraron
sin importar lo que sentías.

Mi propósito contigo es hacerte
la persona más feliz del mundo...

Y sé muy bien
que no necesito muchos lujos,
porque lo único que pedías
era un cariño sincero
y a alguien que te demuestre
que puede quererte
y nunca fallarte.

NICTOFOBIA

Creí que nunca nadie
entendería este sentimiento
o que a nadie le contaría
los secretos que llevo dentro.

Me aterraba cerrar los ojos
y ver el oscuro pasado que arrastraba.

Pero una noche cualquiera,
bajo las estrellas
y con un silencio profundo:

Tomaste mi mano
y dejé de temerle a la oscuridad.

ACTIVIDAD 8. DIBUJA LO QUE TU ALMA Y TU CORAZÓN ESTÁN EXPERIMENTANDO AL LEER ESTOS ÚLTIMOS TEXTOS.

¿Estás sintiendo esa sensación de cosquilleo?

*Quizá no sean mariposas
y tal vez son las ganas inmensas
de un sentimiento que vas generando
por descubrir lo que significa...*

Ser mi Xodó.

CUANDO ESCUCHO TU VOZ

Hay un efecto tan grande en mí
cuando escucho tu voz...

Es como si descubriera
una canción maravillosa
y sin importar cuándo
o dónde suene,
siempre es perfecta.

Seamos la inspiración,
la razón por la que sigan creyendo
que un cariño puede ser real.

Seamos la historia
que pase lo que pase...

No se podrá borrar.

TUS ERRORES

No es necesario que ocultes tus errores,
nunca juzgaré tu pasado,
no tocaré donde todavía duele.

Ten calma,
yo sabré querer y respetar
lo que en su momento te lastimó.

No entiendo qué fue lo que hiciste,
pero tu sonrisa
se convirtió en mi lugar favorito.

Tan solo imagina la magnitud
de cuánto te quiero...

Existiendo millones de personas
en el mundo y yo eligiéndote a ti:

Contigo es con quien quiero estar
y si la vida lo permite,
es contigo
con quien también quiero envejecer.

RECUERDOS

Hemos construido
un camino tan grande de instantes
que no le veo final,
historias que van a trascender
en el tiempo para convertirse
en un amor inmortal.

Vamos a(r)mando
lo que ni la muerte
nos puede quitar.

Y son las memorias
de aquellos días
que nos hicieron sentir en paz...

Los recuerdos donde fuimos nosotros.

ECLIPSE

Tú siendo luna
y yo siendo sol.

No importa qué tan lejos estemos
o si la vida algún día
llega a separarnos.

En algún punto,
el eclipse ocurre
y nos volveremos a encontrar.

Dejé a un lado el pasado...

Siempre voy a preferir el presente,
porque es donde estás tú.

VIAJES

Me gusta pensar
que aún tenemos muchas aventuras
que nos faltan por vivir:

Viajes a todos lados,
visitando pueblitos mágicos,
recorriendo puertos,
corriendo en las playas
y escalando volcanes.

En Roma o en el polo norte,
en medio del bosque o en un crucero...

Aún tenemos muchos viajes pendientes.

ACTIVIDAD 9. ESCRIBE EN ESTE ESPACIO: ¿QUÉ SENTIMIENTOS ESTÁS GENERANDO AL LEER XODÓ?

NAVIDAD

No te preocupes por los regalos,
por la rutina o la hora de la cena.

Hagamos que esta noche
sea diferente,
que sea una noche
para recordar lo que fuimos,
lo que somos,
lo que seremos
y lo que está por venir.

No te preocupes por el frío,
yo te abrazaré hasta que
las bengalas se enciendan
y **la Navidad** se asome.

Formas parte de mí,
de mis sueños,
de mis metas,
de mis anhelos...

De mi vida.

LÁGRIMAS

Esas lágrimas que derramaste
por personas que no valían le pena
son las que te trajeron hasta aquí.

Con las intensas ganas de querer,
de demostrar que incluso
con el corazón roto
puedes volver a creer...

A creer en mí

y en todo el amor

que te puedo ofrecer.

CONSTELACIONES

Tu espalda es el mejor sitio
para descubrir nuevas estrellas.

Acaricio tus lunares
y con besos
voy uniendo cada una,
hasta formar constelaciones.

AMOR A LA ANTIGUA

Me apetece quererte bonito,
de una manera
que se olvidó durante el tiempo.

Déjame escribirte cartas de amor,
dedicarte las más lindas melodías,
cantarte al oído,
aunque no sea el mejor.

Llevarte a tu casa
después de una cita en el parque,
pedirles permiso a tus padres
para traerte a cenar
a tu restaurante favorito.

Déjame quererte así,
sin medidas ni pretextos.

Déjame quererte así...

A la antigua.

Solo déjame quererte...

Y yo me encargaré
de cada noche recordarte
que eres lo mejor que me ha pasado,
para que nunca olvides que,
a pesar del tiempo,
mi amor por ti seguirá vigente.

INMORTALES

Luchemos por nosotros,
por nuestros sueños,
por cada meta
que tenemos por cumplir.

Hay que esforzarnos
para lograr hacerlas realidad,
para no caer en las falsas ilusiones.

Luchemos por los momentos
que viviremos,
por nosotros,
por aquellos instantes
que nos harán inmortales.

ACTIVIDAD 10. DIBUJA UN CORAZÓN Y EN MEDIO ESCRIBE EL NOMBRE DE LA PERSONA QUE ESTARÁ SIEMPRE EN ÉL, SIN IMPORTAR LO QUE PUEDA SUCEDER.

(Y si ese nombre es el mío, no te preocupes:
Sabré cuidar y proteger tu corazoncito
para que toda la vida pueda permanecer contento,
en calma y con el sentimiento intacto)

31 DE DICIEMBRE

Último día del año
y a pesar de los malos ratos,
volvería a repetir cada día,
cada noche,
cada segundo…

A tu lado.

Sé que es contigo...

Y no lo digo yo,
son los mil latidos por segundo
que el corazón grita
cuando estás conmigo.

ENTRE LLAMADAS Y MENSAJES

Prometo enviarte cada mañana
un mensaje de buenos días,
que sea tu chat
lo primero que vea al despertar.

Te prometo contar todo
lo que en mi jornada pase,
si estuvo mal
o fue una de las mejores.

Te prometo que aun en la distancia
te llevaré a todas partes...

entre llamadas y mensajes.

TÚ Y YO, EN CADA COMIDA DEL DÍA

Imagina un futuro juntos donde:

Te despierte con el desayuno en la cama
y por la tarde formando equipo
para preparar nuestro platillo favorito.

Imagina llegar cansados
hasta que la noche aparezca
y juntos caminar de la mano
hasta el puesto de la esquina
para una cena llena de momentos buenos.

Imagina una vida
donde seas mi compañía
en cada comida del día.

CONJUGACIÓN

Llegué a pensar
que la conjugación más hermosa
era ver a los planetas alinearse.

Pero enfrente de todos estabas tú,
con una infinidad
de secretos por descubrir
y me di cuenta
que tú eras más que Júpiter o Saturno,
ibas más allá que Urano y Neptuno.
No podía catalogarte
un planeta o una estrella.

Tú eres una galaxia,

mi universo entero.

Juntos hacemos el mejor equipo.
Así que no tengo dudas...

Si trabajamos por el mismo objetivo,

(Una vida juntos)

lo vamos a lograr.

INVIERNO

El invierno se acerca
y pretendo llevarte de la mano
por las heladas mañanas,
quitarte el frío con mi compañía.

Servirte el café para
disfrutar de tu pan favorito
y quedarme
hasta que tu corazón
esté calientito.

Déjame cuidarte y protegerte,
en este invierno
donde los besos sean la cura
y los abrazos el alivio
para cada madrugada fría.

ACTIVIDAD 11. UN DÍA QUE LA RUTINA NOS CONSUMA Y ESTEMOS CANSADOS DEL DÍA, BUSCA UNA FOTO NUESTRA, DESPUÉS ESCANÉA EL CÓDIGO Y HAZME ARMAR EL ROMPECABEZAS.

(Al terminar, pídeme que haga lo mismo contigo)

Matemos la rutina y volvamos a ser nosotros.

AÑO NUEVO

Nuevas metas,
nuevos sueños,
nuevas aventuras.

Pero mi único propósito
de año nuevo:

Es que acabemos
hasta el último día
sonriendo
y siendo nosotros.

Si lo nuestro funciona
no dejaré de darle gracias al cielo
por permitirme ser parte de tu felicidad,
de tus tristezas,
de aventuras y risas,
de tus días
y si el destino quiere...

Convertirme en el amor de tu vida.

DÍAS MALOS

También voy a quererte en esos días
cuando no quieras ver a nadie,
cuando cambies la rutina
por una noche llorando en la cama
abrazando a tu almohada.

También voy a quererte
cuando te encierres en tu propia mente
y busques desaparecer de todo.

Porque en esos días malos
quiero acompañarte
incluso si no me quieres a tu lado.

Porque,
así como te quiero cuando todo es calma,
también voy a quererte
cuando el desastre llegue
y la lluvia en tus ojos no pare.

EN TODO EL MUNDO, TE QUIERO

Te quiero en cada rincón del universo,
en lugares que jamás serán descubiertos.

Te quiero aquí
y en Venecia.

Te quiero en el mar
y en la cima de una montaña.

Te quiero en el campo
y en una noche estrellada.

Te quiero en cualquier sitio,
en todas partes...

   En todo el mundo:

      Te quiero.

UN FUTURO A TU LADO

Una casita en el campo,
fin de semana con los amigos
y la vida que siempre deseamos.

Días cansados,
pero noches en la cama abrazados.

Cumpliendo nuestros sueños
y formando esa familia
que los dos buscamos.

Un futuro a tu lado...

donde solo exista querernos.

No importa el final de nuestra historia,
siempre seremos eternos.

SUEÑOS

Mis sueños se resumen
en ser solo tú y yo,
siendo felices
y disfrutando por lo que luchamos...

Por esa vida que juntos deseamos.

ACTIVIDAD 12. CADA PALABRA, CADA VERSO, CADA LETRA ESTÁ INSPIRADA EN TI...

AHORA ES TU TURNO:

¿QUÉ TE HIZO SENTIR XODÓ?

¿Te confieso algo?

Tú eres y serás siempre...

MI XODÓ.

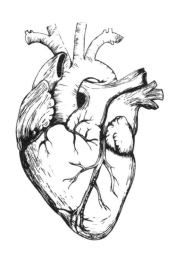

ÍNDICE